AF312120

TABLES CHRONOLOGIQUES,

POUR SERVIR
À
L'HISTOIRE UNIVERSELLE,

ET À CELLE

DES ÉTATS DE L'EUROPE.

A STRASBOURG,

Chez Jean-Frédéric Stein, Libraire, rue des Serruriers. 1772.

AVEC APPROBATION ET PERMISSION.

PRÉFACE.

L'UTILITÉ du Droit Public eſt ſi généralement reconnue de nos jours, que l'on regarde cette étude comme la partie la plus eſſentielle d'une éducation diſtinguée. C'eſt pour acquérir ces connoiſſances, auſſi utiles que convenables à un homme de Qualité, que grand nombre de jeunes Seigneurs, tant français qu'étrangers, ſe rendent à Strasbourg. Mais avant de commencer leurs cours, la plupart ſe croient obligés d'en faire un d'Hiſtoire générale, pour apprendre à placer avec ordre la ſuite des événemens qu'ils connoiſſent déja. Ayant eu l'honneur de donner des leçons dans cette partie à quelques-uns d'entr'eux, j'ai compoſé ces Tables Chronologiques, pour leur en faciliter l'étude. Deſtinées à mon uſage particulier, elles n'auroient point paru au grand jour, ſi j'avois cru devoir me refuſer aux inſtances qu'ils m'ont faites de les rendre publiques. Perſuadé qu'on ne peut être trop exaƈt dans un ouvrage de ce genre, j'ai eu recours aux lumieres de pluſieurs Sçavants de notre Univerſité ; & je puis dire que ſans leurs conſeils, & ſur-tout ſans les bontés de M. LORENZ (*) ces Tables Chronologiques auroient été bien imparfaites.

On s'eſt principalement attaché à mettre beaucoup d'ordre, de clarté & de préciſion dans ces Tables, & à nommer les principaux Hiſtoriens, qui ſont à conſulter ſur les différens événemens

---

(*) M. LORENZ, Profeſſeur d'Éloquence & d'Hiſtoire, a publié l'a. 1770 en latin des *Tables Chronologiques de l'Hiſtoire ancienne juſqu'à l'an d. M.* 4000, à la ſuite d'une Diſſertation critique, où il examine l'année de la Naiſſance de J. Chriſt. Ces Tables m'ont été d'un très-grand ſecours, & ſont beaucoup au-deſſus de mes éloges.

Il y a pluſieurs années que le même M. LORENZ a fait auſſi imprimer en allemand des *Tables Chronologiques ſur l'Hiſtoire Univerſelle*, au nombre de ſept. Ce ſont celles-là proprement qui m'ont ſervi de baſe.

qui y font indiqués. *Nous efpérons de nos lecteurs, qu'ils voudront bien avoir quelque indulgence pour les fautes, qui font prefque inféparables d'un ouvrage auffi épineux. Peut-être auroiton defiré que nous fuffions entrés dans un plus grand détail par rapport aux événemens de l'Hiftoire de France & d'Allemagne, qui nous intéreffent plus particuliérement. C'étoit notre intention; mais nous avons cru devoir abandonner ce projet, dans la crainte de rendre ces Tables trop diffufes. Si elles peuvent paroître de quelque utilité, & être bien reçues du Public, fon fuffrage nous encouragera à donner fur le même plan & dans le même format, l'Hiftoire de* France & d'Allemagne *féparément.*

On a imprimé à Laufanne l'année derniere un ouvrage, qui a pour titre : Tableau des révolutions de l'Europe, depuis le bouleverfement de l'Empire d'Occident jufqu'à nos jours. *Comme ce livre eft entre les mains de tous ceux qui étudient l'Hiftoire à Strasbourg, nous avons cru devoir indiquer, par de grands chiffres, les huit périodes dans lefquelles l'Hiftoire Moderne y eft partagée.*

Ces Tables Chronologiques feront fuivies, dans peu, de Tables Généalogiques, auffi néceffaires que les premieres. On y comprendra les Familles Royales, qui ont fucceffivement occupé les trônes de l'Europe, & les douze Maifons Princieres de l'Allemagne.

HISTOIRE ANCIENNE.

A. d. M.					
1.	CRÉATION DU MONDE.				
1656.	DÉLUGE UNIVERSEL.				

A. d. M.	ASIE		AFRIQUE.	EUROPE	
	JUIFS.	AUTRES NATIONS.		GRÈCE.	ROME.
2083.	Vocation d'*Abraham.*				
2421.				Cécrops bâtit Athènes.	
2513.	Sortie des Israélites de l'Égypte.				
2794.				Prise de *Troie* par les Grecs.	
3000.	Dédicace du Temple de Jérusalem				
3034.	par *Salomon.*		Monarchie des Égyptiens fondée par *Sésostris*	Ère des Olympiades.	
3226.					
3234.		Monarchie des Assyriens	Décadence de la Monarchie des Égyptiens.		
3249.					ROME bâtie.
3255.		Ère de *Nabonassar.*			
3442.		Décadence de la Monarchie des Assyriens. *Cyrus*, premier R. de Perse.			
3463.	Retour des Juifs de la captivité	Monarchie des Perses.			
3493.	de Babylone				Expulsion des Rois.
3672.		Fin de la Monarchie des Perses		Monarchie des Grecs fondée par *Alexandre* le Grand.	
3738.					Les Romains maîtres de l'Italie.
				L'Empire d'Alexandre est divisé en trois royaumes.	
				MACÉDOINE. — SYRIE. — ÉGYPTE.	
3834.				MACÉDOINE : Subjuguée par les Romains.	
3936.				SYRIE : Subjuguée par les Romains.	
3972.				ÉGYPTE : Subjuguée par les Romains.	
3975.					AUGUSTE seul maître de l'Empire Romain.
4000	NAISSANCE DE JESUS-CHRIST : *Ère Chrétienne.*				

A. J. C.	EMPIRE DES ROMAINS.
70.	Ruine de Jérusalem ; fin du culte religieux des Juifs.
314	Constantin embrasse la religion chrétienne.
330.	Constantin transfère de Rome à Constantinople le siége de l'Empire.
395.	Théodose partage l'Empire Romain en Empire d'Orient & en Empire d'Occident.

A. J. C.	EMPIRE D'ORIENT.	EMPIRE D'OCCIDENT.
	Arcadius Empereur.	*Honorius* Empereur.
406.		Irruption des Barbares dans les provinces Romaines.
415.		Royaume d'ESPAGNE fondé par les Visigoths.
431.		Royaume de FRANCE fondé par *Clodion* R. des Francs.
450.		Royaume d'ANGLETERRE, fondé par les Angles Saxons.
476.		BOULEVERSEMENT DE L'EMPIRE ROMAIN EN OCCIDENT.

HISTOIRE MODERNE.

ESPAGNE ET PORTUGAL		FRANCE ET ALLEMAGNE		HOLLANDE	POL. HONG.	ANGLETERRE	ROYAUMES DU NORD	EMPIRE D'ORIENT
Les Sarrasins s'emparent de l'Espagne & en chassent les Visigoths							L'Origine des royaumes de Dannemarc & de Suède se perd dans les ténèbres de l'antiquité.	Commencement de l'*Hégire* & de l'Empire des Sarrasins, fondé par *Mahomet*.
		Pepin le bref. Chef de la race des *Carlovingiens*.				*Egbert* réunit les royaumes des Angles & des Saxons.		
		CHARLEMAGNE R. de France, d'Italie & de Germanie rétablit l'Empire Romain en Occident						
		Paix de Verdun : les fils de *Louis le Débonnaire* partagent entre eux l'*Italie*, la *France* & l'*Allemagne*.	*Louis le Germanique* fonde le royaume d'*Allemagne*.					
			Otton I. de la race *Saxonne* réunit l'Italie & la couronne impériale à l'Allemagne.				Commencement de la Principauté des Russes à Novogrod.	
		Hugue Capet R. Chef de la race des *Capétiens*.	*Conrad II*. Chef des Empereurs *Franconiens*.		La *Hongrie* érigée en royaume.	*Guillaume le Conquérant*, Chef des Rois *Normans*.		
			Conrad III. Chef des Empereurs *Souabes*.					
	Le *Portugal* érigé en royaume par *Alfonse* I.					*Henri II*, Chef des Rois de la maison de *Plantagenet*.		
			Le grand Interrègne. *Rodolphe I*. de Habsbourg, E.		La *Pologne* érigée en royaume.			
			Albert I. Chef des Empereurs de la maison d'*Autriche-Habsbourg*					
			Origine de la liberté des *Suisses*.					*Ottoman* jette les fondemens de l'Empire des Turcs dans l'Asie mineure.
			Invention de l'*Imprimerie*.					
						Henri VII, Chef des Rois de la maison de *Tudor*.		PRISE DE CONSTANTINOPLE par les Turcs : *Ruine du Bas-Empire*.
Ferdinand le Catholique réunit toute l'Espagne : Découverte de l'*Amérique*.	Découverte des *Indes Orientales*.							
Charles I. d'Autriche R.								
			Commencement de la réformation par *Luther*	*Union d'Utrecht*, base de la liberté des *Hollandais*.				
		Henri IV de la branche de Bourbon R.				*Jacques I*, Chef des Stuarts réunit l'Écosse à l'Angleterre.		
	Jean IV, Duc de Bragance, R.		Paix de Westphalie.					
Philippe V, de la maison de France. R.							*Pierre I*. change l'état de la Russie. La *Prusse* érigée en royaume.	
			Extinction de la maison d'*Autriche-Habsbourg*.			*George I*, Chef des Rois de la maison de *Hannovre*.		

1.	CRÉATION DU MONDE.	
	Adam.	
1056.	*Noé.*	
1656.	DÉLUGE UNIVERSEL.	
1757.	Dispersion des Peuples sur toute la terre. *Genèse. Ch. XI. v. 8.*	

	ASIE		AFRIQUE	EUROPE
	JUIFS.	**AUTRES NATIONS.**		
1800.		*Nimrod*, premier R. de Babylone. *Assur*, premier R. d'Assyrie. *Gen. X.*	*Menès* ou *Mesraim*, premier R. d'Égypte, *Chronogr. de Syncelle p. 91.* & auteur de l'Idolâtrie. *Diodore de Sicile L. I. Ch. 45. Hérodote L. II. Ch. 4.*	
			R. DE THÈBES. *Thaut* ou *Mercure I.* Roi, invente l'art d'écrire. *Eusebe préparation évangélique L. I. Chap. 9.* — **R. DE MEMPHIS.** *Tosorthrus* ou *Esculape*, R. invente la Médecine & l'Architecture. *Syncelle Chron. p. 56.*	
2008.	*Abraham.*			
2083.	Vocation d'Abraham.			
2160.				*Phoronée*, premier R. d'Argos. *Pausanias L. II. 15.*
2315.	Mort de *Jacob* en Egypte.			
2421.				*Cécrops*, premier R. d'Athènes. *Marbres d'Oxfort.*
2484.				*Cadmus*, premier R. de Thèbes, enseigne aux Grecs l'art d'écrire. *Tacite XI. 14.*
2492.				*Danaüs* arrive le premier par mer dans la Grèce.
2513.	Sortie des Israelites de l'Égypte ; *Loi écrite.*			
2610.			*Siphoas* ou *Mercure II.* règle l'année. *Strabon L. XVII. p. 816. Diodore de Sicile I. 50.*	
2700.				Expédition des *Argonautes* dans la Colchide. *Diodore de Sicile L. IV. Ch. 40.*
				Minos II. R. de Crète, fait construire la première flotte ; *Dédale* invente les voiles. *cydide L. I.*
2794.				Prise de *Troie* par les Grecs. *Marbres d'Arundel.*
2874.				Les descendans *d'Hercule* s'emparent du Péloponèse & en chassent les *Pélopides. cydide L. I.*
2909.	*Saül*, premier R. d'Israël.			
2949.	*David*, R. *L. I. des Rois Chap. 4.*			
2989.	*Salomon*, R.			
3 000	Dédicace du Temple de Jérusalem par Salomon.			

AFRIQUE.	ASIE.			EUROPE.		
ÉGYPTE.	ASSYRIE.	PERSE.	JUDÉE.	GRÈCE.	A.F.R.	ROME.
Sésostris fonde la MONARCHIE D'ÉGYPTE. *Diodore de Sicile I. 55.*			Le Royaume d'Israël est partagé en Royaume de *Juda*, où regne *Roboam.* & en Royaume d'*Israël*, où regne *Jéroboam .*	Comencement des *Jeux Olympiques. Chronique d'Eusebe.* *Lycurgue*, Legislateur des Lacédémoniens. *Ère des Olympiades.*		
Décadence de la Monarchie des Égyptiens. *Hérodote II. 137. 152.*	*Phul* fonde la MONARCHIE DES ASSYRIENS. *II. L. des Rois Ch. 15.*				1.	ROME bâtie par *Romulus. Plutarque.*
	Ère de Nabonassar R de Babylone. *Téglatpalassar* R. soumet la Syrie & la Galilée. *Salmanassar* soumet la Samarie . .		Fin du Royaume d'*Israël.*		39.	*Numa Pompilius*, R. Il regle le culte des Dieux. *Denys d'Halicarn. II. 63.*
	Asserhaddon R. se rend maitre de Babylone . . .				82.	*Tullus Hostilius*, R. Il détruit Albe la longue.
					114.	*Ancus Martius*, R. Il bâtit le Port d'Ostie.
					138.	*Tarquin l'ancien*, R. Il soumet une partie du Latium.
L'Égypte passe sous la domination des Assyriens. *Joseph Antiq. X. 9.*	*Nabuchodonosor II.* soumet la Judée. *Nabuchodonosor II.* subjugue l'Égypte.		Ruine de *Jérusalem* & du Royaume de *Juda.*			
				Solon, Législateur des Athéniens. *Chron. d'Eus.* . .	176.	*Servius Tullius*, R. Il établit le Cens.
	Belsazer est detrôné par *Darius le Mède* & par *Cyrus*, qui partagent l'Empire ent'eux.	*Cyrus*, premier R. de Perse, fonde la MONARCHIE DES PERSES.				
		Cyrus défait *Crésus* & soumet l'Asie mineure. *Hérodote I. 18.* Prise de Babylone par *Cyrus .*	Retour des Israélites de la captivité de Babylone. *II. L. des Chroniques Ch. 33.*		220.	*Tarquin le superbe*, R.
L'Égypte passe sous la domination des Perses.		*Cambyse* R. *Canon de Ptolemée. Cambyse* soumet l'Égypte.				
		Darius, fils d'Hyst. spe, R.	Second Temple de Jérusalem bâti.		245	Expulsion des Rois : Rome se met en liberté. *Denys d'Halicarn. V. 1.*

HISTOIRE ANCIENNE.

III. TABLE.

A.d.M.	ASIE — PERSE	GRÈCE		A.F.R.	ROME (EUROPE)
3509.	.	.			
3512.	Les Perses sont défaits par les Athéniens près de Marathon. *Hérodote L. VI. 113.*			261	Retraite du peuple Romain sur le mont sacré, on crée cinq *Tribuns du peuple.*
3516.	*Xerxès,* R. *Canon de Ptolémée.*				
3521.	Défaite des Perses près de Salamine.				
3523.	Défaite des Perses près de Platée & de Mycale.				
3532.	*Cimon* bat les Perses deux fois en un même jour, par mer près de Chypre, & par terre près du fleuve Eurymédon.				
3537.	*Artaxerxès I,* R.				
3571.		Première guerre civile : Guerre du Péloponnèse. *Thucydide.*		303	*Loi des XII Tables.*
3575.				305	Les Plébiscites ont force de loi.
3578.	*Darius II.* Nothus R.			327	Le Droit de faire la paix & la guerre est transféré du Sénat au Peuple.
3597.	*Artaxerxès II.* Mnémon, R.				
3601.	*Cyrus* le jeune se révolte contre le Roi son frère.	Les Athéniens sont entièrement défaits par les lacédémoniens près du fleuve Agos. *Diodore de Sicile XIII. 105.*			
3602.					
3606.		Retraite des dix mille Grecs. *Xénophon.*			
3613.		Seconde guerre civile, entre les Athéniens soutenus par les Perses, & les Lacédémoniens.			
3631.				365	*Prise de Rome* par les Gaulois. *T. Live V. 36.*
3643.	*Ochus,* R.	Troisième guerre civile, entre les Thébains & les Lacédémoniens.			
3659.					
3664.	*Arogus ou Arsès,* R.	Bataille de Chéronée ; *Philippe,* R. de Macédoine se rend maître de la *Grèce.*		411	Les *Campaniens* se donnent aux Romains ; Guerre contre les Samnites.
3666.	*Darius Codoman,* R.	*Alexandre le Grand,* R. de Macédoine.			
3668.		Bataille du *Granique* ; l'Asie mineure soumise à Alexandre.			
3669.		Bataille d'*Issus* ; la Syrie & l'Égypte soumises à Alexandre.			
3671.		Bataille d'*Arbèle* ; l'Assyrie, la Babylonie & la Perse soumises à Alexandre.			
3672.	*Darius* est mis ; Fin de l'Empire des Perses	Tout l'Empire des Perses se soumet à *Alexandre.* EMPIRE DES GRECS. *Arrien L. III.*			
3679.	Mort d'*Alexandre le Grand.* *Diodore de Sicile XVII. 117. Arrien L. VII.*				
3697.	Les Gouverneurs des provinces prennent le titre de *Roi.* *Canon de Ptolémée.*				
	R. D'ÉGYPTE. *Ptolémée, fils de Lagus,* R.	**R. DE SYRIE.** *Séleucus Nicator,* R.	**R. DE MACÉDOINE.** *Cassandre,* R.		
3712.					
3719.				464	Le *Samnium* subjugué.
3720.				471	Les *Gaulois Senonois* sont entièrement détruits.
3722.				472	Guerre de Tarente.
3730.			*Antigonus Gonatas* envahit le trône de Macédoine, & l'assure à ses descendans. *Porphyre dans la Chronique d'Eusèbe.*		
3738.				482	Les *Tarentins* & leurs alliés se soumettent aux Romains.
3755.		Les *Parthes* se révoltent sous la conduite d'*Arsace* ; cet exemple est suivi de tous les peuples au-delà de l'Euphrate. *Justin, XLI. 4. Chron. d'Eusèbe.*		490	I.re guerre *Punique.* *Flore II. 2.*
3761.					
3764.				513	Fin de la I.re guerre *Punique* ; La *Sicile* cédée aux Romains.
3778.				516	La *Sardaigne* & la *Corse* cédées aux Romains.
3780.				530	Les *Boyens* se soumettent aux Romains. *Polybe II. 31.*
3784.				532	Les *Insubriens* se soumettent aux Romains. *Fasti Capitol.*
3796.				536	II.de guerre *Punique.* *T. Live XXI. 6.*
3800.				548	*P. Scipion* soumet l'*Espagne.* *T. Live XXVIII. 16.*

..M.	EMPIRE DES GRECS.			A.F.R.	ROME.
	ÉGYPTE.	SYRIE.	MACÉDOINE.		
801.				553.	Fin de la IIe guerre Punique. *T. Live L. XXX. Ch. 3. 4. 43. Polybe XV. 8.*
802.			Guerre de Philippe contre les Ro-	554.	Ire guerre de Macédoine contre Philippe.
804.		La Palestine est réunie à la Syrie.	mains.	558.	Flamininus met fin à la première guerre de Macédoine. *T. Live L. XXXIII. Ch. 30. Faft. Capit. Noris.*
806.				563.	Ire guerre d'Asie contre Antiochus le Grand, R. de Syrie.
811.		Antiochus le Grand fait la guerre		565.	L'Étolie soumise aux Romains.
813.		aux Romains		566.	Scipion l'Asiatique termine heureusement la première guerre d'Asie.
814.					
831.			Guerre de Persée contre les Romains.	583.	IIe guerre de Macédoine contre Persée.
834.				586.	L'Illyrie passe sous la domination des Romains. *T. Live XLIV. 13. Faft. Capitol.*
835.			Fin du Royaume de Macédoine.	587.	Paul Émile met fin à la seconde guerre de Macédoine.
838.		Révolte des Juifs sous la conduite de			
853.		Judas-Machabée.		605.	IIIe guerre Punique.
854.				606.	IIIe guerre de Macédoine contre Andriscus. *Flore L. II. Ch. 14. Epit. Livii XLIV. Porphyre.*
855.			La Macédoine est réduite en province	607.	Metellus termine la troisième guerre de Macédoine.
856.			Romaine	608.	Ruine de Carthage, de Corinthe, de Thèbes & de Chalcis; l'Afrique & l'Achaïe sont réduites en provinces Romaines. *Pline XXXIV. 2.*
871.				623.	IIe guerre d'Asie contre Aristonic. *Justin. Flore II. 20.*
873.				625.	Fin de la seconde guerre d'Asie; le Royaume de Pergame est réduit en province Romaine.
881.				633.	La partie des Gaules qui est enclavée entre les Alpes, l'Océan, le Rhône & les Cévennes, est réduite en province Romaine.
891.				643.	Guerre de Jugurtha. *Salluste.*
898.		Aristobule, premier R. des Juifs de		651.	Guerre des Cimbres & des Teutons.
899.		la race des Asmonéens			
906.				658.	Le Royaume de Cyrène est réduit en province Romaine.
912.				664.	Guerre sociale. *Velleius Paterculus L. II. Ch. 15.*
914.				666.	IIIe guerre d'Asie contre Mithridate R. du Pont. Guerre civile entre Sylla & Marius.
918.		Extinction de la race des Séleucides;			
920.		Tigranes, R. d'Arménie, monte		672.	Sylla, Dictateur perpétuel.
928.		sur le trône de Syrie		680.	Nicomède, R. de Bithynie, laisse par testament son Royaume aux Romains.
935.				687.	Guerre contre les Pirates; Pompée réduit la Cilicie en province Romaine.
936.		Fin du Royaume de Syrie		688.	La Syrie & la Phénicie subjuguées par Pompée; l'île de Crète par Metellus.
937.				689.	Le Royaume du Pont réduit en province Romaine.
940.		La Judée est rendue tributaire des Ro-			
941.		mains		693.	Fin de la troisième guerre d'Asie; toute l'Asie jusqu'à l'Euphrate soumise aux Romains.
942.				694.	Triumvirat de J. César, de Pompée & de Crassus.
952.				704.	Les Gaules subjuguées par J. César. *Commentaires de César.*
954.				706.	Bataille de Pharsale; Pompée est défait; César envahit la souveraineté à Rome.
956.				708.	La Numidie réduite en province Romaine.
958.				710.	J. César est tué en plein Sénat.
959.				711.	César-Octavien, Marc-Antoine, & Lépide forment le second Triumvirat.
960.				712.	Bataille de Philippes; Brutus & Cassius sont vaincus par les Triumvirs. *Dion L. XLII. Appien de la guerre civ. V.*
965.		Hérode le Grand, premier R. des			
967.		Juifs, de la race des Iduméens		719.	La Pannonie soumise aux Romains.
971.				723.	Bataille d'Actium, fatale à Marc-Antoine.
972.	L'Égypte passe sous la domination			724.	L'Égypte est réduite en province Romaine.
975.	des Romains			727.	AUGUSTE, Maître absolu de l'Empire Romain. *Dion L. LIII.*
987.				739.	La Noricie, la Rhétie & la Vindélicie subjuguées. *Velleius Paterculus II. 95. Suétone vie d'Auguste Ch. 21. Dion LIV.*
O.	A.d.F.R. 752. NAISSANCE DE JÉSUS-CHRIST.				

A. J. Chr. selon l'Ère vulgaire.	HISTOIRE DE L'EMPIRE ROMAIN.	HISTOIRE ECCLÉSIASTIQUE.
14.	Tibere.	
33.		
37.	Cajus Caligula. *Annales de Tacite L. VI. Ch. 30.*	Jésus - Christ crucifié. *S. Matthieu Ch. XXVII.*
41.	Claude.	
42.	La Mauritanie réduite en province Romaine. *Dion L. LX.*	St. Pierre. (a. d. J. Ch. 42.)
43.	Les Romains font la conquête d'une partie de la Bretagne. *Suétone, vie de Claude.*	
54.	Néron.	
64.		Premiere persécution générale des Chrétiens. *Annales de Tacite.* St. Lin. (a. 67.)
68.	Galba.	
69.	Othon. Vitellius. Flave Vespasien. *Histoire de Tacite, L. I. Ch. 47. 57. II. 80.*	
70.		Ruine de Jérusalem ; Fin du culte religieux des Juifs. *Joseph de Bell. Jud. L. VI. V...*
79.	Tite Vespasien.	St. Clet. (a. 78.)
81.	Domitien.	St. Clément. (a. 91.)
96.	Nerva.	
98.	Trajan. *Xiphilinus L. LXVIII.*	
100.		
102.	La Dacie & l'Arabie soumises aux Romains.	St. Anaclet. (101.)
112.	La Mésopotamie, l'Assyrie, l'Arménie conquises par Trajan. *Chronique d'Eusèbe.*	St. Évariste. (110.)
117.	Adrien. Il abandonne la Mésopotamie, l'Assyrie & l'Arménie. *Spartien vie d'Adrien, Ch. 4. 5.*	St. Alexandre. (119.) St. Sixte. (130.)
135.		Derniere défaite des Juifs dans la Palestine. Ils se dispersent sur toute la terre.
138.	Antonin le pieux. *Capitolin Anton. Ch. 4. 5.*	St. Thélesphore. (141.) St. Higin. (152.)
161.	Marc - Aurele Antonin le Philosophe, & Lucius Vérus son frere.	St. Pie. (156.) St. Anicet. (165.)
180.	Commode. *Hérodien.*	St. Soter. (173.) St. Éleuthere. (177.)
193.	Pertinax. Didius Julianus. Septime Sévere.	Victor. (192.)
200.	Une grande partie de la Mésopotamie & de l'Assyrie soumise aux Romains.	
211.	Caracalla & Géta.	Zéphirin. (202.)
217.	Macrin.	St. Calliste. (219.)
218.	Héliogabale. *Lampride.*	St. Urbain. (224.)
222.	Alexandre Sévere.	St. Pontien. (231.)
235.	Maximin. *Eutrope IX. 1. Victor Ch. 25.*	Antere. (235.)
238.	Balbin. Pupiénus. Gordien.	Fabien. (236.)
244.	Philippe l'Arabe.	St. Corneille. (251.)
249.	Dèce.	St. Lucius. (253.)
251.	Gallus & Volusien.	St. Étienne. (255.)
253.	Émilien. Valérien & Gallien. *Trebellius Pollio Salon. Ch. 3.*	St. Sixte II. (257.)
268.	Claude II.	st. Denis. (258.)
270.	Quintillus. Aurélien.	St. Félix. (270.)
275.	Tacite. *Vopiscus vie de Tacite Ch. 3.*	St. Eutychien. (275.)
276.	Florien. Probus. *Vopiscus Prob. Ch. 11.*	St. Cajus. (283.)
282.	Carus.	St. Marcellin. (296.)
283.	Carinus & Numérien. *Vopiscus. Victor.*	
284.	Dioclétien. *Victor Ep. Ch. 39.*	
286.	Dioclétien s'associe à l'empire Maximien Herculeus. *Eutrope IX. 14.*	
300.		

C.	HISTOIRE DE L'EMPIRE ROMAIN	HISTOIRE ECCLÉSIASTIQUE
		Derniere perfécution générale des Chrétiens. *Lactance de morte persecutorum.*
03.	. . . .	
04.	*Galérius Maximien*, & *Constantius Chlorus.* *Eutrope X.1. Lactance de morte persecutorum Ch. 17. 19.*	*St. Marcel.* (a. 304.)
06.	CONSTANTIN LE GRAND. *Idacius in Fastis Consul. Zosime.*	*St. Eusèbe.* (309.)
11.	Mort de Galérius Maximien.	*St. Melchiade.* (311.) *St. Silvestre.* (314.)
14.	. . . .	*Constantin le Grand* embrasse la religion chrétienne. *Eusèbe.*
25.	. . . .	I. Concile œcuménique, tenu à *Nicée,* contre *Arius,* qui nioit la divinité de J. Christ. *Socrate H. E. I.*
30.	Constantin transfere le siege de l'Empire de Rome à Constantinople. *Jérôme. Prosper dans sa Chronique.*	*St. Marc.* (336.)
37.	*Constance, Constantin & Constant.* *Chronique de Prosper.*	*Jule.* (336.)
61.	*Julien* (l'Apostat) *Zosime.*	*Libérius.* (352.)
63.	*Jovien.* *Socrate Hist. Eccl. III. 21. 22.* Nisibis en Mésopotamie, & une partie de l'Arménie cédées aux *Perses.* *Zosime III. 31.*	*St. Damase.* (367.)
64.	*Valentinien I. & Valens.*	
75.	*Gratien, Valentinien II. & Valens.*	*Sirice.* (385.)
79.	*Gratien, Valentinien II. & Théodose le Grand.* *Chron. de Marcellus. Prosper dans sa Chronique, Zosime.*	
81.	. . . .	II. Concile œcuménique, tenu à *Constantinople,* contre *Macédonius,* qui nioit la divinité du St. Esprit. *Socrate hist. ecclés. V. Ch. 8.*
83.	Mort de Gratien.	
92.	Mort de Valentinien II.	
95.	Mort de Théodose ; L'Empire est partagé pour toujours en *Empire d'Orient* & en *Empire d'Occident.* *Chron. de Marcellus.*	*Anastase.* (398.)
	EMPIRE D'ORIENT. — *Arcadius, Empereur.* — EMPIRE D'OCCIDENT. — *Honorius, Empereur.*	
00.		
06.	. . . . — Irruption des *Alains,* des *Suéves,* des *Vandales* par les Gaules dans les provinces Romaines. *Zosime L. VI. 3. Chron. de Prosper.*	*Innocent I.* (a. 401.)
08.	*Théodose II*, E. *Chron. de Marcellus.*	*Zosime.* (416.)
09.	. . . . — Les *Vandales,* les *Suéves,* & les *Alains* s'établissent en *Espagne.*	
10.	. . . . — *Alaric,* R. des *Visigoths,* prend & pille Rome.	
12.	. . . . — Les *Visigoths* se rendent maitres de la partie *méridionale* des Gaules.	*Boniface I.* (418.)
13.	. . . . — Les *Bourguignons* s'établissent dans les Gaules.	
15.	. . . . — Les *Visigoths* établissent *Barcelone* Capitale de leur Empire. Origine du Royaume d'*Espagne.*	*St. Céléstin.* (423.)
25.	. . . . — *Valentinien III*, E. *Chron. de Marcel.*	
31.	. . . . — Les *Francs* s'emparent de la *Gaule Belgique,* sons la conduite de leur Roi *Clodion,* fondateur du Royaume de *France.* *Grégoire de Tours L. II. 9.*	III. Concile œcuménique, tenu à *Éphese,* contre *Nestorius,* qui séparoit trop les deux natures en Jésus-Christ. *Socrate VII. 34.* — *St. Sixte III.* (432.)
49.	Les *Vandales* se fixent en *Afrique.*	*St. Léon I.* (440.)
50.	*Marcianus*, E. — Les *Angles* & les *Saxons* viennent en Bretagne, où ils fondent le Royaume d'*Angleterre.* *Bede hist. d'Anglet. L. I. Ch. 15.*	IV. Concile œcuménique, tenu à *Chalcédoine,* contre *Eurychès,* qui confondoit les deux natures en Jésus-Christ.
51.	. . . .	
55.	. . . . — *Maxime*, E. *Genseric,* Roi des *Vandales,* pille & saccage la ville de Rome.	
57.	*Léon*, E. *Chron. de Marcellus.*	*St. Hilaire.* (461.)
74.	*Zénon*, E.	
75.	. . . . — AUGUSTULE, dernier E.	*Simplicius.* (467.)
76.	. . . . — *Odoacre,* R. des *Hérules,* se rend maitre de la ville de Rome, & se fait Roi d'Italie. BOULEVERSEMENT DE L'EMPIRE ROMAIN EN OCCIDENT.	*St. Félix II ou III.* (483) — *St Gélase.* (492.)
01.	*Anastase*, E.	*Anastase II.* (496.) — *Symmaque.* (498.)

A.I.C.	EMPIRE DES FRANCS.	ITALIE.	ESPAGNE.	ANGLETERRE.	ROY. DU NORD.	EMPIRE D'ORIENT.	HISTOIRE ECCLESIAST[IQUE].
415.			Les *Visigoths* fondent le royaume d'*Espagne*. *Chronique d'Idace. Jornandes de rebus Geticis.*		L'Histoire des royaumes du *Nord* est trop incertaine dans ces tems reculés pour être intéressante.	(Les Empereurs de ce siécle se trouvent sur la Table précédente.)	(Les Papes de ce siécle se trouvent sur la Table précédente.)
431.	*Clodion*, R. des *Francs*, fonde le roy^me de *France*.						
450.	*Grégoire de Tours L. II. Ch. 9.*						
451.	*Mérovée*, R. Chef de la race des *Mérovingiens*.			Les *Anglo-Saxons* entrent dans l'isle de *Bretagne*. *Béde.* Heptarchie. *Chronol. Sax.*			
455.							
476.		*Odoacre*, R. des *Hérules*, se fait R. d'*Italie*. *Chronique de Marcellus.*					
489.		*Théodoric*, R. des *Ostrogoths*, s'empare de l'*Italie*.					
496.	Bataille de *Tolbiac*; *Clovis* défait les *Allemands*,						
500.	& se fait *baptiser*. *Grég. de Tours L. II. Ch. 30.*						Les *Anglo-Saxons* convertis au Christianisme.
511.	Mort de *Clovis*; Ses états sont *partagés* entre ses						
533.	fils. *Grégoire de Tours II. 28. III. 1.*					L'Empereur *Justinien* publie son *Code de loix*. *L. 2. C. de vet. jure enucleando.*	*Hormisdas.* 513. *S. Jean* 523. *Félix IV.* 526. *Boniface II.* 30.
534.							*Jean II.* 532. *Agap. I.* 5...
553.		Fin du royaume des *Ostrogoths*.				Conquête de l'*Afrique*, faite par *Bélisaire*.	*Silverius.* 536. *Vigilius.* 5...
568.		Les *Lombards* s'établissent dans la haute				L'*Italie* enlevée aux *Ostrogoths*. *Procope de Bello Goth. L. III.*	*Pelage I.* 555. *Jean III.* 5...
586.		Italie. *Paul Warnefrid L. II. 7.*	*Récaréde*, R. État florissant de l'Empire des *Visigoths*. *Isidore de Séville p. 715.*				*Benoit I.* 572.
600.							*Pelage II.* 577. *St. Grégoire le Grand.* 5...
610.							*Sabinien* 604. *Boniface* I...
614.	*Clotaire II.* réunit toute la Monarchie. *Chron. de*					*Héraclius*, E.	*Bonif. IV.* 7. *Dieu-Donné*
622.	*Frédégaire 40. 41.*					Commencement de l'*Hégire*, & de l'Empire des *Sarrasins*, fondé par *Mahomet*. *Elmacin.*	*Boniface V.* 17. *Honoré*
629.						L'*Arabie* subjuguée par les *Sarrasins*.	*Séverin* 39. *Jean IV.* 4...
638.						La *Syrie* subjuguée par les *Sarrasins*.	*Théodore* 42. *St. Martin*
641.						*Constans*, E. l'*Égypte* subjuguée par les *Sarrasins*.	*Eugene I.* 55. *Vitalien*
648.						L'*Afrique* & l'isle de *Chypre* subjuguées.	*Adéodat* 71. *Domnus* 7...
651.						La *Perse* subjuguée. *Elmacin I. 4.*	*Agathon* 78. *Léon II.*
687.	*Pepin Heristel*, Maire du Palais, s'empare de l'au-						*Benoit II.* 84.
697.	torité royale.	Premier *Doge* de *Venise*.					*Jean V.* 85.
700.							*Conon* 86. *Sergius I.* 87.
711.			L'Empire des *Visigoths* détruit p. les *Sarrasins*. Origine des royaumes de *Léon* & de *Castille*. *Rodéric de Tolède L. III. IV. 19. 20.*				*Jean VI.* 701. *Jean VII*
718.							*Sisinnius* 8. *Constantin* 1...
719.	*Charles Martel*, Maire du Palais.						*Grégoire II.* 14. Les *Germains* convertis au Christianisme.
752.	*Childeric III.* est déposé. *Pepin le bref*, R. Chef de la race des *Carlovingiens*. *Annales de Fulde.*						*Boniface.* 18.
756.		Donation de l'*Exarchat de Ravenne*; Origine de la puissance séculière des *Papes*. *Annales d'Eginhard.*					*Grégoire III.* 31. *Zacharie* 42.
774.	*Charlemagne* fait la conquête du Royaume des *Lombards*.						*Etienne II.* 52.
778.	L'*Espagne* entre l'Ebre & les Pyrénées subjuguée par *Charlemagne*. *Annales d'Eginhard.*						*Etienne III.* 52. *Paul I.* 57.
796.	Défaite des *Huns*; La *Pannonie* subjuguée.						*Etienne IV.* 68. *Hadrien I.* 72.
787.						*Irène*, Impér.	Concile de Francfort. 94.
800.	*Charlemagne* rétablit la dignité impériale en Occident. *Annales d'Eginhard.*						*Léon III.* 95.

Année	FRANCE	ALLEMAGNE	ITALIE	ESPAGNE	ANGLETERRE	POL. HONG.	ROY. NORD	EMPIRE D'ORIENT	HISTOIRE ECCLES.
02. 03. 06. 07. 0. 3. 62. 79. 80. 82. 84. 87. 88.	Paix de Salfeld ; Les Saxons se soumettent aux Francs, & embrassent la religion chrétienne. *Eginhard.* Paix de Verdun ; Les trois fils de *Louis 1 le Débonnaire, Lothaire, Louis* & *Charles* partagent entr'eux l'Empire des Francs. *Annales de St. Bertin.* *Charles le Chauve,* R. de France. *Charles le Gros* réunit la *France,* l'*Allemagne* & l'*Italie.* *Eudes,* Comte de Paris, R. *Reginon.*	*Louis le Germanique,* fonde le royaume d'*Allemagne.* *Boson,* Comte de Provence, fonde le royaume d'*Arles,* ou de *Bourgogne Cisjurane.* *Charles le Gros,* réunit toute l'*Allemagne.* *Charles le Gros* est déposé, *Arnoul,* R. *Rodolphe* fonde le royaume de *Bourgogne Transjurane. Reginon.*	(*Les Génois soumettent l'Isle de Corse. Ils deviennent puissans.*) *Lothaire I.* Emp. R. d'*Italie* & de *Lorraine. Annal. de St. Bertin.* *Charles le Gros* Emp. & R. d'*Italie.* *Guy* & *Bérenger,* E.		*Egbert* éteint l'Heptarchie en réunissant les sept royaumes.	*Piaste* est élu D. de Pologne. Il est le Chef de la race des *Piastes.*	Les *Waregues* s'emparent de la *Russie,* & établissent *Novogorod,* Capitale de leur principauté.	*Nicéphore,* E. C'est à ce Prince que commence l'Empire des Grecs, appellé le *Bas-Empire.*	*Étienne V.* (816) Conc. d'Aix-la-Chapelle. *Pascal I.* 17. *Eugène II.* 24. *Valentin.* 27. *Grég. IV.* 28. *Ansgaire* preche la rel. chrét. dans le *Nord.* 33. *Sergius II.* 44. *Léon IV.* 47. *Benoit III.* 55. *St. Nicolas I.* 58. *Hadrien II.* 67. *Jean VIII.* 72. *Martin II.* 82. *Hadrien III.* 84. *Étienne VI.* 85. *Formose.* 90. *Boniface VI.* 96. *Étienne VII.* 97.
1. 2. 9. 23. 5. 6. 2. 7.	La *Neustrie* occupée par les *Normands.* *Charles le Simple* est détrôné ; *Raoul,* Duc de Bourgogne, R. *Hugues Capet,* R. Chef de la race des *Capétiens. Chron. dans Duchesne T. III.*	Extinction de la race des *Carlovingiens.* Le royaume devient électif. *Cont. de Regin.* *Henri l'Oiseleur,* R. *Race Saxonne.* Toute la *Lorraine* est réunie à l'*Allemagne. Frodoard.* *Otton I.* réunit pour toujours l'*Italie* & la couronne impériale à l'*Allemagne. Luitprand VI.* 6. *Continuat. de Reginon.*				les *Hongrois* s'établissent dans la *Pannonie. Sigeb. de Gemblours.*		*Constantin IX,* E. Démembrement de l'Empire des Sarrasins. *Elmacin III.* 1.	*Jean IX.* 901. *Ben. IV.* 5. *Léon V.* 6. *Christ.* 6. *Sergius III.* 7. *Anast.* 10. *Lando.* 12. *Jean X.* 13. *Léon VI.* 28. *Ét. VIII.* 29. *Jean XI.* 31. *Léon VIII.* 36. *Ét. IX.* 39. *Martin II.* 43. *Agap. II.* 46. *Jean XII.* 55. *Ben. V.* 64. *Jean XIII.* 65. *Domnus II.* 72. *Ben. VI.* 72. *Ben. VII.* 75. *Jean XIV.* 84. *Jean XV.* 85. *Grég. V.* 96. *Silv. II.* 99.
1. 7. 4. 7. 8. 0. 3. 4. 2. 6. 4. 6. 6. 2. 0.		*Conrad II. le Salique,* E. *Race Franconienne.* Le royaume de *Bourgogne* Cis- & Transjurane est réuni à l'Empire. *Wippon.* *Henri IV.* E. *Lambert d'Aschaffenbourg.* Origine des brouilleries entre l'*Empire* & le *Sacerdoce.*	*Grégoire VII.* le soumet à l'obéissance des Empereurs. *Hugues de Flavigny. Lambert d'Aschaffenb.*	Décadence de l'Empire des Sarrasins. *Roder.* *Sanche le Gr.* réunit les royaumes de *Léon* & de *Navarre* ; la *Castille* & l'*Arragon. Roderic.*	L'*Angleterre* soumise aux *Danois.* *Édouard le Confesseur,* R. il se rend fameux par le Code de loix qu'il publie. *Guillaume le Conquérant,* R. Chef des Rois *Normands.*	La *Hongrie* érigée en royaume par *Étienne I.*	*Canut le Gr.* R. de Dannem. & d'Angleterre soumet la *Norvege.*	*Michel IV,* E. *Togrulbec,* fondé l'Empire des *Turcs.* *Alexis Comnène,* E. Commenc. des *Croisades* contre les Turcs. Royaume de *Jérusalem* fondé par *Godefroi de Bouillon. Guill. de Tyr. VIII.* 18.	*Jean XVI.* ou *XVII.* 1003. *Jean XVIII.* 3. *Sergius IV.* 9. *Benoît VIII.* 11. *Jean XIX.* 24. *Ben. IX.* 33. *Grég. VI.* 44. *Clém. II.* 46. *Damase II.* 48. *Léon IX.* 49. *Victor II.* 54. *Étienne IX.* 57. *Nicolas II.* 59. *Alexandre II.* 61. *Grégoire VII.* 73. *Victor III.* 86. *Urbain II.* 88. Concile de Clermont. 98. *Pascal II.* 99.

A.J.C.	FRANCE	ALLEMAGNE	ITALIE	ESPAGNE	PORTUGAL	ANGLETERRE	POL. BOH.	ROY. d. NORD	EMPIRE D'ORIENT	HIST. ECCLESIA
1113.	Commencement des guerres entre la *France* & l'*Angleterre*, sous *Louis VI.* dit le *Gros.*									(Renaissance du Droit à Bologne, par *Irne[rius].*
1122.		Concordat de *Henri V.* & de *Calixte II.* *Conrad d'Ursperg.*								L'Ordre de St. Jean
1130.			*Roger II.* prem. R. des deux *Siciles. La Bulle se trouve dans Baronius Annal. T. XII p. 214.*					Le *Danemarc* rendu tributaire de l'Empire d'Allemagne. *Annales de Hildesheim.*		dans la Terre Ste. (1...
1134.										*Gélase II.* 1118. L[...]
1138.		*Conrad III.* Chef des *Empereurs Souabes.*					La *Pologne* partagée en plusieurs *Principautés.*			des Templiers établi.
1139.					Le *Portugal* érigé en *Royaume* par *Alfonse I. R. des. de T. des VII. 5.*					*Calixte II.* 1119. [...]
1143.									*Emmanuel Comnène*, E.	ré *II.* 1124. *Inn[ocent]*
1152.		*Frédéric I.* ou *Barberousse.*								1130. *Célest. II.* [...]
1156.		*L'Autriche* érigée en *Duché. Otton de Freysingen, vie de Frédéric I. 31.*		Les royaumes de *Léon* & de *Castille* sont partagés entre *Ferdinand* & *Sanche III.*		*Henri II.* Chef de la race des *Plantagenets.*				*Lucius II.* 1144. [...]
1157.										gene *III.* 1145. A[...]
1164.			La *Sardaigne* érigée en royaume. *Acerbus Morena in Leibnitz Script. rer. Brunsw. T.I. p. 841. Albéric.*							*IV.* 1153. *Hadri[en]*
1172.						*Henri II.* fait la conquête de l'*Irlande.*			*Saladin* fait la conquête de l'*Égypte. Marinus Sanutus III.*	1154. *Alexandre [III.]*
1174.										1159. *Lucius III.*
1180.		Chûte de la Maison des *Guelphes.*								*Urbain III.* 1185[...]
1181.		*Conrad d'Ursperg. Helmold II. 29.*			Loix fondamentales rédigées à *Lamego. L'Instit. d'un Grand sous Monarch. Lusitan. & Schmess Staat von Portug. T.II. p. 874.*					goire *VIII.* 1187[...]
1185.									*Isaac l'Ange,* E.	ment *III.* 1188. L[...]
1187.									Fin du *Royaume de Jérusalem. Jacques de Vitry Chap. 94. 95. dans Bongarst.*	Teutonique établi.
1190.		*Henri VI.* E. *Godefroi de Cologne.*								*Célestin III.* 1191[...]
1194.			Le royaume des deux *Siciles* passe à la Maison de *Hohenstauffen. Auctarium Aquicinctinum.*							*Innocent III.* 119[...]
1197.		*Philippe de Souabe,* E.								fait poursuivre les All[emands]
1198.							La *Bohême* érigée en royaume. *Cosmai de Cologne.*			par les armes.)
1200.										
1204.									L'Empire des *Grecs* passe aux *Latins* : *Démembrement* du Bas-Empire. *Nicetas Choniates. Dandali Chron. dans Muratorius.*	(Fondation des freres precheurs, dits *Domin[icains]*
1208.		*Otton IV.* E.								1215.)
1212.				Bataille d'*Ubéda.*						*Honoré III.* 1216[...]
1214.	*Philippe II. Auguste* gagne la					*Jean sans terre* est forcé de signer la *Grande Charte,* qui est la base de la constitution de l'Angleterre. *Matthieu Paris. Rymer.*				*Grégoire IX.* 122[...]
1215.	bataille de *Bouvines* sur l'Emp.									publie les *Décrét[ales]*
1218.	*Otton IV. Matthieu Paris.*	*Frédéric II.* E.								1235.
1221.										*Célestin IV.* 124[...]
1226.	*St. Louis,* R.									*Innocent IV.* 12[...]
1235.		Origine du Duché de *Brunswic* & de *Luneb. Reces de l'emp. Alb. de Stade.*							Les *Tartares Mogols* font de grandes conquêtes sur les Turcs dans l'Asie; mais leur Empire n'est point de durée. *Abul. Dyn. IX. Chr. de Nangis.*	*Alexandre IV.* 1[...]
1237.									Les *Mamelucs* s'emparent de l'*Égypte. Abulphar. Dynast. IX.*	*Urbain IV.* 1261[...]
1250.	*St. Louis* prisonnier en *Égypte.*	*Conrad IV.* E. *Chronique d'Augsb.*						Les *Tartares* se rendent la *Russie* tributaire. *Haberstein. Albert de Stade. ad a. 1240. Hist. de Jean de Bell. Moscov.*		*Clément IV.* 126[...]
1254.	*Guill. de Nangis. Joinville.*	*Guillaume de Hollande,* E.								*Grégoire X.* 127[...]
1257.		*Richard de Cornouailles,* E. première mention des VII. Électeurs.								*Innocent V.* 127[...]
1259.		*Lettre d'Urbain IV. dans Leibnitz Prod. J. G. p. 14. Th. Wicker.*							Les *Mamelucs* s'emparent de la *Syrie* & de la *Palestine.*	*Hadrien V.* 127[...]
1261.									Les *Grecs* reprennent *Constantinople* sur les *Latins,* sous *Michel Paléologue. Nicephorus Gregoras IV. 2. Chron. de Nangis.*	*Jean XXI.* 127[...]
1265.			*Charles d'Anjou,* couronné à *Rome* R. de *Naples* & de *Sicile. Lunig. C.I. Dipl. T.II.*							*Nicolas III.* 12[...]
1271.	Le Comté de *Toulouse* réuni à									*Martin IV.* 128[...]
1273.	la couronne sous *Philippe III.*	*Rodolphe de Habsbourg,* E.								*Honoré IV.* 128[...]
1276.	le *Hardi.*									*Nicolas IV.* 128[...]
1282.		Les Duchés d'*Autriche* & de *Stirie* passent à la Maison de *Habsbourg.*	*Vêpres Siciliennes;* le R. d'*Aragon* s'empare de la *Sicile. p. 213.*			*Édouard I.* fait la conquête de la province de *Galles.*			*Coblai-Chan* envahit la *Chine;* il est le Chef de la première race des *Empereurs étrangers. Andronic II.* E. (1283.)	*Célestin V.* 1294[...]
1285.	Réunion de la *Champagne* à la couronne, sous *Philippe le Bel.*									*Boniface VIII.*
1295.	Commencement de la querelle de						La *Pologne* érigée en royaume.			
1298.	*Boniface VIII* avec *Phil. IV. Hist. du différend de Phil. IV. & de Boniface VIII.*	*Adolphe de Nassau* est tué. *Albert I.* E.								
1300.									*Ottoman* fonde en *Bythinie* un nouvel Empire des T[urcs]	

C.	FRANCE	ALLEMAGNE	ITALIE	ESPAGNE	PORTUG.	ANGLETERRE	SUISSE	BOH. POL. HONGR.	ROY. d. NORD.	EMPIRE D'ORIENT.	HIST. ECCLÉSIAST.
1301								Les *Angevins* montent avec *Charles Robert* sur le trône de *Hongrie*. *Bonfinius.* La *Bohème* passe à la Maison de *Luxembourg*. *Albertin Mussat de gestis Henr. VII. Albert de Strasbourg.*			*Boniface VIII.* se dit *Maître de la terre*, & en cette qualité il confirme l'E. d'Allem. *Pierre de Marca. Conc. Sacerd. & Imp. II. 3. n.*
1308		*Albert I.* tué; *Henri VII.* de *Luxembourg*, E. *Henri de Rebdorf.*					*Confédération Helvétique. Chr. de Tschudi.*				
1309											*Benoit X.* (1303.)
1312	La ville de *Lyon* passe à la France.										*Clément V.* (1305.) Il transfere le St. Siége à *Avignon*; & abolit l'Ordre des *Templiers.* 1312. Vacance du S. Siége depuis 1314. jusqu'en 1316. *Jean XXII.* (1316.)
1314		*Louis de Baviere*, E.									
1315							Bataille de *Morgarten.* Ligne de *Brunn*, base de la constitution Helvétique. *Chr. de Tschudi.*				
1320								*Uladislas Loketek* réunit la grande & la petite *Pologne*, & se fait couronner à *Cracovie*			
1322	*Charles IV.* dit le *Bel*, dernier R. de la branche des *anciens Capétiens.*					*Édouard II.* est fait prisonnier, déposé & tué. *Édouard III.* qui lui succéde fait des prétentions sur le trône de France, ce qui entraîne une longue guerre. *Knyghton, dans Twysden. coll.*				*Orchan* succéde à *Ottoman* dans l'Empire *Turc.*	
1328	*Philippe VI.* R. Chef de la branche de *Valois. Contin. de Nangis dans d'Achery.*									*Andronic* le jeune, E.	
1329		La Maison de *Wittelsbach*, (qui possédoit la *Baviere* depuis l'an 1181. & le *Palatinat* depuis l'an 1227.) se partage en deux branches; celle de *Rodolphe* succéde dans le *Palatinat*, celle de *Louis* dans la *Baviere. Henri de Rebdorf. l'enftrom. dans les Actes de Londorp.*									
1334											*Benoit XI* ou *XII.*
1338	Guerre des *Anglais* pour la succession au trône de France. *Froissard L. I.*										
1340				Bataille de *Tariffe. Rod. Sanctius; Alfonf. a Carthag. & u. Mariana XIII. 7.*				*Casimir*, R. de Pol. fait la conquête de la *Russie* rouge. *Dlugossus L. IX. p. 1038.*			
1341										*Jean Paléologue*, & *Jean Cantacusene*, E...	
1342											*Clément VI.*
1346	Bataille de *Créci. Froissard.*										
1347		*Charles IV.* E.									
1348			*Jeanne I.* R. de *Naples* vend *Avignon* au St. Siége pour 80000 flor. d'or. *L'inst. dans Lunig C. I. D. T. II. p. 782.*								
1349	Le *Dauphiné* passe à la France. *L'infé. dans Valbonais preuves de l'Histoire du Dauphiné.*										*Innocent VI.*
1355								La *Silésie* réunie à la *Bohème. Summersberg T. I. Goldast. app. p. 83.*			
1356	Bataille de *Poitiers. Froissard.*	Bulle d'or, loi fondamentale de l'Empire. *Recès de l'Empire.*								*Amurat I.* passe en Europe sur des galères Génoises.	
1360	Traité de *Bretigni. dans Rymer T. I. P. II.*										
1362											*Urbain V.*
1370								*Louis le Grand* parvient au trône de Pol. après avoir signé les premiers *Pacta Conventa. Anonym. Archidiac. p. 101.* Il réunit la Pol. à la Hongrie.			
1371											*Grégoire XI.* Après sa mort commence le *Grand Schisme d'Occident. Urbain VI.* à Rome, & *Clément VII.* à Avignon. 1378.
1377						*Richard II.* R. Factions des Maisons de *Lancastre* & de *York*, ou de la *Rose* rouge & de la *Rose* blanche.					
1378	L'Emp. *Charles IV.* établit le *Dauphin* Vicaire général & irrévocable de l'Empire. *Thierry de Niem. II. 23.*	Le Royaume d'*Arles* détaché de l'Empire. *Wenceslas*, E.									
1385					*Jean I.* surnommé le *Batard*, R. *Nun. V. f. Mar. XVIII. 9.*					*Emmanuel II.* E.	
1386							Bataille de *Sempach. Tschudi.*	*Jagellon* R. de Pol. réunit la *Lithuanie* à la couronne. *Kroitovius Hift. de la Lithuanie. Dlugossus.*			
1389										*Bajazet I.* Il étend considérablement sa domination.	*Boniface IX.* à Rome. On attribue à ce Pape l'établissement des *Annates. Thierry de Niem. II. -. Gobellin Perfona VI. 84. 50.*
1393	*Charles VI.* R. tombe en démence, Factions entre les Princes du sang										
1395			Érection du Duché de *Milan. Leibnitz C. J. G. Dipl. p. 257.*								
1396								Bataille de *Nicopolis.*			
1397									Union de *Calmar*, établie p. *Marguerite*, R. de *Danemarc*, de *Suéde* & de *Norwege. Inst. dans Holberg Docn. Reichshistorie.*		*Benoit XIII.* à Avign. (a. 1394)
1400		Les Électeurs déposent *Wenceslas*; *Robert le Palatin* E. *v. les Actes de la déposition de Wenceslas.*									

A.J.C.	FRANCE.	ALLEMAGNE.	ITALIE.	ESPAGNE.	PORTUG.	ANGLETERRE.	SUISSE.	BOH. POL. HONGR.	ROYAUMES DU NORD.	EMPIRE D'ORIENT.	HIST. ECCLÉSIAS.
1402										Tamerlan ou Timurbeg défait & prend Bajazet I, auquel succède Soliman, & à celui-ci Moyse a. 1409. Mahomet I a. 1413.	Innocens VII, P[...]
1404											a. 1404. Grégoi[re...]
1411		Sigismond, E. L'inst. dans Winhem. App.	Venise, Florence & Gènes s'agrandissent des dépouilles du D. de Milan				Les anciens Domaines de la Maison d'Autriche envahis par les Suisses. Chron. de Tschudi				P. R. a. 7. Le C[oncile de] Pise élit Alexa[ndre] a. 9. Jean XXII[I]. Concile de Const[ance] qui, après la dé[position] de Jean XXIII, [de] XII & de Benoît [XIII,] Martin V. a. 14[17] du gr. Schisme. On arrêta aussi dans [ce Concile] de l'an 141[5] que les [Conciles] étoient au-dessus d[u Pape.]
1415	Bataille d'Azincourt. Juvénal des Ursins. Monstrelet.										
1416			La Savoie est érigée en Duché, sous Amédée VIII, Inst. dans Long. C. I. D. T. L.								
1417		Frédéric de Hohenzollern, Burgrave de Nuremberg, nommé Électeur de Brandenbourg. Il est la souche de la Maison électorale d'aujourd'hui.									
1420	Traité de Troyes : Henri V. R. d'Anglet. déclaré héritier & régent en France. Monstrel. T. I. p.										
1422						Henri VI proclamé dès le berceau R. de France & d'Anglet. Polyd. Vergil. Hist. d'Anglet.					
1423	388.	Frédéric le belliqueux, Margrave de Misnie, nommé Électeur de Saxe; il est la souche de la Maison électorale d'aujourd'hui. L'instrum. dans Müller, Reichstage-Theat.	Le royaume de Naples passe à la Maison d'Arragon.								
1429	Jeanne d'Arck, dite la Pucelle d'Orléans, fait lever aux Anglais le siège d'Orléans, & facrer Charles VII à Reims. Alain & Jean Chartier, Monstrelet.										
1431											
1433								On permet aux Hussites la commun. sous les deux esp.			Eugène IV. Co[ncile de] Basle. Eugen[e IV] déposé par ce C[oncile en] 1439, & Félix V[...] sa place; celui-ci ab[dique] en 1449, & Nic[olas V] qui avoit succédé à [Eugè-]ne en 1447 est [...] seul Pape légit[ime.]
1437	Pragmatique Sanction arrêtée à Bourges. v. les Commentaires de M. Depuy sur le traité des libertés de l'Église Gallicane par Pithou T. 2. h. p. 6. t.										
1438		Albert II, E. Empereurs Autrichiens.						Albert d'Autriche réunit la Bohème & la Hongrie.			
1440		Frédéric III, E. Invention de l'imprimerie à Strasbourg par Guttenberg. v. Angelus Vindena Typogr. Wimpheling. Litter. germ.									
1444								Bataille de Varna.			
1448	La Normandie réunie pour toujours à la couronne.	Concordat entre Frédéric III & Nicolas V. Recès de l'emp. T. I.							Extinction des Skioldungs; Chrétien I, R. de Danem. Chef des Rois de la Maison d'Oldenbourg. Chr. de Dan.	Constantin Paléologue, E.	
1450										Mahomet II, a. 1451.	
1453	Les Anglais chassés de la France. v. Historiens de Charles VII. publiés par Godefroi.						Premier Traité de la France avec la Suisse.			Prise de Constantinople par Mahomet II. BOULEVERSEM. DE L'EMP. DES GRECS. Annal. de Laonic. Chalcocondylas L. VIII.	Renaissance des le[ttres en] Europe.
1457								Après la mort de Ladislas le Posthume, les Bohèmes se soumettent à George Podiebrad.	La Suède réunie au Danem. Les Duchés de Schleswic & de Holstein réunis au royaume de Danemarc. Krantz, Chron. du Danem. v. Ludwig reliq. Mscr. T. IX.		Calixte III. a. 14[...]
1460											
1461						Henri VI détrôné; Édouard IV, de la Maison d'York, R. Cont. de l'Hist. de Croylande.					
1465	Guerre civile. Mémoires de Comines. Mém. d'Olivier de la Marche.										Pie II. a. 1458.
1466								Paix de Thorn; une moitié de la Prusse est réunie à la Pologne, l'autre moitié est cédée comme fief à l'Ordre Teutonique.			
1469	Le titre de Très-Chrétien est donné à Louis XI.								La Russie secoue le joug des Tartares, sous Jwan Wasilowitsch.		Paul II. a. 146[4]
1475							Victoire de Grandson. Vict. de Morat.				Sixte IV. a. 147[1]
1476											
1477	Commencement des guerres entre la France & l'Autriche.	Mariage de Maximilien d'Autriche avec Marie, héritière de Bourggne. Trithemius Chron. de Hirschau. Chron. de Mutius. Instrum. dans Du Mont C. Dipl. T. III.					Victoire de Nancy; le D. de Bourgogne Charles le Hardi, y est — me Pirkheimer, de Bello Helvetico L. I. p. 61 sq.				Innocent VIII. [...]
1479				la Castille réunie à l'Arragon p. Ferd. le Cathol.							Alexandre VI. [...]
1481	Réunion de la Provence à la couronne. v. Du Mont C. Dipl. T. III. P. II. p. 82.									Bajazet II, E.	
1485			Les Vénitiens font l'acquisition de l'île de Chypre. v. Sabelliens, Bembo, Contarini, Justiniani, dans une collection impr. à Venise.			Henri VII, R. réunit les deux Roses; il est le Chef des Rois de la Maison de Tudor. Polyd. Vergil. Bacon de Verulam, dans son Hist. de Henri VII.		Matthias Corvinus, R. de Hongr. s'empare de l'Autriche & établit la résidence à Vienne.			
1487											
1492				Découvert de l'Amériq. Fin du roy.me de Grénade.							
1493		Maximilien I. E. Trithemius.									
1495	Commencement des guerres d'Italie, sous Charles VIII. v. Historiens de Charles VIII. publiés par Godefroi. Mémoires de Comines. Guichardin, Hist. de son tems.	Paix publique perpétuelle, établie à la diète de Worms; érection de la Chambre impériale. Recès de l'empire P. II.									
1496				Jeanne, héritiere de la Monarch. d'Esp. épouse Phil. d'Autriche. Turbin. Chron.							
1498					Découverte des Indes Orientales, sous Emmanuel Osorius.						
1499							Maximilien II fait la guerre aux Suisses.				
1500											

FRANCE.	ALLEMAGNE.	ITALIE.	ESPAGNE.	PORTUG.	ANGLETERRE.	SUISSE.	POL. BOH. HONGR.	ROYAUMES du NORD.	ORIENT.	HIST. ECCL.
			Le roy.me de *Naples* réuni à l'Espag. *Mar. L. XXVI sq. Guichardin L. V, VI.* Le royaume de *Navarre* envahi par *Ferdinand* le *Cathol. de Thou L. I.*						*Ismaël Sofi* envahit le trône de *Perse*, & assure à ses descendans.	*Pie III. Jule II.*
Louis XII est chassé du Milanois. *v. les Histor. de Louis XII, publ. p. Godefroi T. I. II.*	L'Allemagne partagée en *dix Cercles.* Le *Conseil Aulique* est mis sur un nouveau pied. *Recès de l'Empire T. II.*	*Ligue de Cambrai* contre la rép. de *Venise. Léonard Traités de paix T. II p. 59.*							*Sélim I* subjugue la *Syrie*, la *Palestine* & l'*Assyrie. Annales de Leunclave.*	*Léon X.*
Concordat entre *François I* & *Léon X. v. le Commentaire de Dupuy sur les libertés de l'Egl. gall. de Pithou, T. II. p. 57. Leibnitz Cod. Jur. gentium.*			*Charles I*, Chef des R. Autrichiens. *Chron. de Chytréus.*			Traité perpétuel avec la *France. Zwingle* prêche en *Suisse* contre les *Indulgences. Sleidan L. I.*			L'*Egypte* conquise par le même Empereur : fin de l'Empire des *Mameluces.*	Commencem. de la réformation.
	Luther prêche en *Saxe* contre les *Indulgences. Sleidan. L. I.* *Charles V*, E. Il signe la premiere *Capitulation. Goldast. Reichs-Satz. T. II.*						*Anne*, héritiere des roy.mes de *Bohème* & de *Hongrie*, épouse *Ferdin. d'Autr.* Traité de *Cracovie* ; la *Prusse Teut.* érigée en duché & fief de la *Pol. Louis* tué à la bataille de *Mohatz* ; la *Bohème* & la *Hongrie* passent à *Ferdinand d'Autriche. Sleid. VI.*	Les *Suédois* se séparent des *Danois*, & élisent *Gustave Vasa*, R. il est la tige des Rois de Suéde d'aujourd'h. *Mess. Scond.* La religion Lutérienne établie dans la Suede par *Gustave* ; & dans le *Danemarc* par *Fréderic I. Chr. de Chytr.*	Prise de *Belgrad* par *Soliman II. Annales de Leunclave.* Conquête de l'île de *Rhodes.*	*Hadrien VI. Clément VII.*
François I est fait prisonnier à *Pavie.*	Traité de *Worms* ; Charles V abandonne à son frere *Ferdinand* les pays *Autrichiens* en Allemagne ; Origine des deux branches de la Maison d'*Autriche*, l'*Espagnole* & l'*Allemande. L'Instrum. se trouve dans les selecta Jur. publ. novissim. T. V. p. 169.*		Découverte du royaume de *Mexique. Mariana L. I. S. II. Mariana XXVI. 3.*							
Paix de Madrid.			Découverte du royaume de *Pérou. Chronicus de Chytréus, de Thou I. Miniana. Mariana.*							
Paix de Cambrai. v. Léonard. Traités de paix, T. II.	Diete de *Spire* ; origine du nom de *Protestans.*	*Doria* rend la liberté aux *Génois.*				Guerre civile de religion. *Sleid. L. VIII.*			Les *Turcs* assiegent *Vienne.* *Humajun*, Chef de la race des grands Mogols dans l'*Indostan. Alger* se met sous la protection des *Turcs.*	
	Confession de foi présentée à *Charles V* par les *Protestans* à Augsbourg. Confédération de *Schmalkalden. Sleidan.*	*Florence* érigée en Duché. *L'instrum. dans Lunig C. J. D. T. I. p. 463.*								
	Ferdinand élu R. des Romains.	*Mantoue* érigé en Duché. *Lunig C. J. p. 1416. de Thou. L. I.*	Le *Milanois* réuni à l'*Esp. Lunig. C. J. T. I.* Les Chevaliers de l'ordre de St. *Jean* établis dans l'île de *Malthe. L'instr. dans Lunig C. J. T. II. p. 199.*		*Henri VIII* se déclare Chef de l'Eglise Anglicane ; commencem. de la réf. en Angl. *Annal. rer. Angl.*	*Calvin* prêche la réformation. Les *Bernois* font la conquête du pays de *Vaud. Chron. de Stettler. P. II. L. I.*		La *Norwege* éternellement unie au *Danemarc.*	Conquête de la *Mésopotamie* & de la ville de *Bagdad* par *Soliman II. Annales de Leunclave.* L'*Arabie heureuse* subjuguée par le même.	*Paul III.*
Paix de Crespy.					*Henri VIII* prend le titre de R. d'*Irlande. Cambdanus in la Préf. p. 13. Annales d'Angl. p. 93.*			*Chrétien III*, R. de Danemarc, partage le Duché de *Holst.* avec son frere *Adolphe*, qui est la souche des Ducs de *Holst. Gott.* des R. de Suéde & du Gr. Duc de *Russie* d'aujourd'hui. *Jwan Wasiliewitsch* se fait couronner Czar de toute la *Russie. Petri Odorborn vie d. Wasil. Herb.*		Concile de Trente.
	Guerre de *Schmalkalden. Sleidan L. XVII.*	*Parme* & *Plaisance* érigées en Duchés.								
	Bataille de *Muhlberg. Sleidan. XIX.* *Charles V* enleve l'*Electorat de Saxe* à la branche *Ernestine*, & le donne à la branche *Albertine*				*Edouard VI* établit la religion Calviniste en Anglet. *Annal. rer. Angl.*					Intérim publié. *Jule III.*

HISTOIRE MODERNE.

A. J. C.	FRANCE.	ALLEMAGNE.	ITALIE.	ESPAGNE.	PORTUG.	ANGLETERRE.	PAYS-BAS.	POLOGNE.	ROYAUMES DU NORD.	ORIENT.	HIST. ECCLÉSIA.
1551		Guerre entre *Charles-Quint* & *Maurice*, Elect. de *Saxe*.								*Tripolis* se met sous la protection des *Turcs*. *Supplém. aux Annales de Leunclave.*	
1552	Prise de *Metz*, *Toul* & *Verdun* par *Henri II*. *de Thou L. IX. Staad. XXIV.*	Transaction de *Passau*. *Recès de l'Empire T. III.*									
1553						*Marie* succéde à *Edouard V*, & rétablit la rel. catholique. *Burnet Hist. de la réformation d'Angleterre.*			*Iwan Wasilowitsch* fait la conquête du royaume de *Casan*. *Oderborn.*		
1554											
1555		Paix de religion conclue à *Augsbourg*. *Recès de l'emp. T. III.*									
1556	Prise de *Calais*.					Les *Anglois* perdent *Calais*.			Les *Russes* soumettent le royaume d'*Astracan*. *Voyages d'Olearius à Moscou & en Perse.*		*Marcel II. Paul.*
1558		*Ferdinand I*, E. *Chr. de Chytr.*				La R. *Elisabeth* affermit la religion protestante. *Cambdenus.*					
1559	Paix de *Câteau-Cambresis*.								Conquête des *Ditmarses* par *Chrétien III*, R. de Dan.		*Pie IV.*
1561								*La Livonie* se met sous la protect. de la *Pol.*			
1562	*Edit de Janvier*; première guerre civile de religion, sous *Charles IX.*										
1563	v. *Du Mont T. V. Mémoires de Condé*										
1564	Paix de *Troyes*.	*Maximilien II*, E.						*Courlande* & la *Sémigalle* érigées en Duchés & fiefs de la *Pologne*.			Clôture du Concile de *Trente*.
1566		Guerre de *Gotha*. *de Thou L. XLI*		Révolte des *Pays-bas*, sous *Philippe II.*							*Pie V.*
1568							Commenc. des troubles dans les *Pays-bas*. *Grotius Annal. Belg.*	L'instr. dans la *Chron. de Chytr.*	*Eric XIV* déposé; *Jean III*, R. de Suède.	*Sélim II*, E.	
1570									Paix de *Stettin* entre le Danemarc & la Suède.		
1571							Prise de *Briel* par les exilés. *Grotius L. II.*	Extinction des *Jagellons*.		Conquête de l'isle de *Chypre*; défaite de *Lépante*.	
1572	Massacre de la St. Barthélemi. *de Thou*										*Grégoire XIII.*
1574						Les *Anglois* s'établissent dans les *Indes*. *Cambdenus.*				*Tunis* se met sous la protection des *Turcs*; *Amurath III*, E. *Chron. de Chytreus.*	
1576	Commencement de la *sainte ligue*, sous *Henri III*. *d'Avila Hist. des guerres civ. Mémoire de la ligue.*	*Adolphe II*, E.	*Florence* érigée en *Grand Duché*. Nouveau gouvernement à *Gênes*. *v. Luni C. I. D.*								
1579							Union d'*Utrecht*, base de la liberté des prov.ⁿᵉˢ unies; *Guillaume I*, Prince d'*Orange*, est élu *Stadthouder*. *Grotius Annal. Belgiq. L. III.* l'instr. um. dans *Cas gruot Placaat Boeck.*				
1580				*Philippe II* fait la conquête du royaume de *Portugal*. *Car. de Chytr.*	Mort du Roi *Henri*; le *Portugal* passe sous la domination des *Espagnols*. *Miniana. Connestagg. de Portugallia conjunct.*						La *Formula Concordiæ* dit est rédigée. *Grégoire* publie nouveau Calendrier qui est reçu par les Etats catholiques.
1581									La *Sibérie* passe sous la domination des *Russes*. v. *Histriens de Moscou p. 167. & Webers verändert. Russl.*		
1583											
1585											*Sixte V.*
1587						*Marie*, R. d'*Ecosse*, est décapitée. *de Thou L. LXXXVI. Ronusidi Summarium de morte Mariæ Stuartæ. Buchananus.*					
1588	Journée des Barricades. *Mém. de Nevers*			Défaite de la flotte invincible. *Grotius Annal. Belgic.*							
1589	Assassinat de *Henri III.* Extinction des *Valois*; avénement des *Bourbons*; *Henri IV*, R. *d'Avila p. 174. de Thou.*										
1590											*Urb. VII. Grég.*
1591											*Innocent IX.*
1592		Troubles de *Strasbourg*.									*Clément VIII.*
1593		Troubles d'*Aix-la-Chapelle*. *de Thou L. LXXII.*									
1595											
1598	*Edit de Nantes*. Paix de *Vervins* avec l'*Espagne*. *Mém. de Bellievre.*								Paix de *Narva*. Extinction des *Waregnes* en Russie.	*Mahomet III*, E. *Chronique de Chytreus.*	
1600	*Du Mont C. D. T. V.*								*Sigismond*, R. de Suède dépossédé. *Charles IX*, R.		

C.	FRANCE.	ALLEMAGNE.	ITALIE.	ESPAGNE.	PORTUG.	ANGLETERRE.	PAYS-BAS.	SUISSE	POL. BOH. HONGR.	ROYAUM. du NORD.	ORIENT.	HIST. ECCL.
503						Jacques I, Chef des R. Stuarts;					Achmet I, E.	
504						il prend le titre de R. de la Gr. Bretagne. *Johnst.*					v. *Ludolphi Schaubühns.*	
505												Léon XI. Paul
506						Conspiration des poudres découverte. *Johnston tom. Brit. XII. de Thou.*			Trève de 20 ans entre la Porte & la Hongrie. Pacification de Vienne, qui assure aux Protestans de Hongrie le libre exercice de leur culte.			V.
507		Troubles de Donauwerth. *Consommation de Chisleri.*										
509		Mort de Guillaume, D de Jul. & de Clèves.					Trève de douze ans, conclue à Anvers.		Lettres de Majesté accordées aux Protestans de Bohème. *Khévenhuller, Ann. de Ferdin. T. VII. p. 184.*			
510	Assassinat de *Henri IV* par Ravaillac.	*Union évangélique*, affermie à *Hall.*		Expulsion des Morisques p. Philippe III.								
511	*Louis XIII* lui succéde. *Grammond.*	Origine de la *Ligue Catholique.*									Une nouvelle famille s'empare de la souveraineté dans le *Japon.*	
512		*Mathias*, E. *Khévenhulier, Annales de Ferdinand, T. VII.*										
513				Minutes de *Sully.*			*Léonard T. V. Grotius XVIII.*			Avénement des *Romanow* au trône de *Russ.*		
517										Paix de *Stolbova.*	*Mustapha I*, E.	
518		Commencement de la guerre de XXX ans. *Khévenhuller.*							Troubles de *Bohème* & de *Hongrie.*		*Osman II*, E.	
519		*Ferdinand II*, E.							*Betlem Gabor* couronné R. de *Hongrie.*			
520		Bataille de *Prague.*										
521									Paix entre la *Pologne* & la *Porte.*			Grégoire XV.
522		Bataille de *Hoechst* & de *Wimpfen*, prise de *Heydelberg* par *Tilly.*										
523		Le Duc de *Baviere* investi de la *dignité électorale.*									*Amurat III*, E.	Urbain VIII.
525						Charles I. *Johnston. ser. Brit. XXI. Larrey Histoire d'Angles.* Rous,						
526		Défaite du R. de *Danemarc* à *Luttern.*										
527			Guerre de Mantoue.						Les Protestans chassés de la *Bohème. v. l'instrument dans Du Mont C. D. T. V.*			
528	Prise de *La Rochelle*, dernier boulevard des *Huguenots. v. Grammond L. XVIII.*	Le *Haut-Palatinat* passe à la Mais. de *Baviere.*										
529		Paix de *Lubeck* avec le R. de Danem. *Édit de restitution*, publié par l'Emp.										
531	Alliance conclue avec le R. de *Suéde.*	Bataille de *Leipzic.*	Paix de *Querasque. v. Lunig C. J. D. T. I.*							*Gustave Adolphe*, R. d. *Suéde*, fait une trève avec la Pol. pour passer en *Allemagne.*		
532		Bataille de *Lutzen*; mort du Roi de Suéde.										
534		Bataille de *Noerdlingen*; funeste aux Suédois.								La *Russie* cède *Smolensko*, la *Sévérie*, la *Czernicovie* & la *Livonie* à la *Pol. Chron. de Piasec. l'instr. dans la concln. de Mercern T. IV.*		
535	Guerre déclarée à l'*Espagne.*	Paix de *Prague*, avec l'*Él.* de *Saxe.* La *France* envoie du secours aux *Suédois.*							Les deux *Lusaces* passent à la *Saxe*, comme fiefs du Roi de *Bohème.*			
537		*Ferdinand III*, E.										
538		Prise de *Brisac*, par le D. de *Saxe-Weimar.*									*Ibrahim*, E	
540				Révolte de la Catalogne & du Portugal, sous *Phil. IV. Ludolphi Schaubühn.*	Avénement de la Maison de *Bragance*; *Jean IV*, R.	Guerre civile entre le Roi & le Parlement. *Clarendon.*						
542		Bataille de *Leipzic.*										
543	*Louis XIV*, R. *La Hode Hist. de Louis XIV.*								Guerre civ. d *Hong. Ragotzki* chef des mécont.	Guerre entre la *Suéde* & le *Danemarc.*	Les Mantchus s'emparent de la Chine, où ils regnent encore aujourd'h. Guerre de Cand. a. 1645.	Innocent X.
544	*XIV.*											
545		Bataille de *Jancowitz.*							Pacification de *Presbourg*; libre exercice de religion renouvellé aux Protestans.	Paix de *Broemsebroé. Boeckl. hist. de la guerre S.*	*Mahomet IV*, E.	
547			Révolte de *Naples*; *Mazaniello*, Chef des rebelles.									
548	*Brisac, Philipsbourg*, le *Sundgau* & l'*Alsace* cédés aux *Français. Léonard.*	*Paix de Westphalie*; fondement de la liberté civile & ecclésiast. des États de l'emp.				*Charles I* décapité, *Cromwel* regne sous le titre de Protecteur.	La Hollande déclarée état libre & indépend.	La Suisse déclarée état libre & indép.		La *Poméranie*, les D. de *Bremen* & de *Verden* cédés à la *Suéde.*		
549												
550												

A. C.	FRANCE.	ALLEMAGNE.	ITALIE.	ESPAGNE.	PORTUG.	GR. BRETAGNE.	PAYS-BAS.	POL. BOH. HONGR.	ROYAUMES DU NORD.	ORIENT.	HIST. ECCLÉS.
1654									La Reine *Christine* abdique ; *Charles-Gustave*, Comte Palat. de *Deux-Ponts* lui succède.		*Alexandre VII.*
1655											
1656								Bataille de *Varsovie.*			
1657								Traité de *Wélau*, le D. de *Prusse* est déclaré souverain.			
1658		*Léopold*, E. *Menken Leben K. Leop.*							Paix de *Rotschild*, la *Scanie*, la *Hallande* & la *Blekingie* cédées aux *Suéd.*		
1659	Traité des *Pyrénées* ; les Comtés de *Roussillon* & de *Conflans*, & la plus grande partie			Les Comtés de		Mort d'*Olivier Cromwel* ; rétablissement des *Stuarts*. *Burnet mémoir.*		La *Pologne* céde la *Livonie* à la *Suéde.* Guerre contre les *Turcs.* a 1662.	Paix d'*Oliva* ; la *Livonie* cédée à la *Suéde.* Les États de *Danem.* déférent à *Frédéric III*, leur Roi, une puissance *illimitée*, & rendent la couronne héréditaire. *v. Holbergs Dænische Reichs-Historie, T. III.*		
1660	de l'*Artois* cédée à la *France. Léon. T. IV.*			*Roussillon* & de *Conflans*, & plusieurs villes des							
1662	*Dunkerque* vendue à la *France* par l'*Angleterre. La Hode Hist. T. III.*										
1663		Commencement de la *Diète actuelle*		*Pays-Bas*	Bataille d'*Évora.*						
1664		de *Ratisbonne. Reces de l'Emp.*		cédées aux	Bat. de *Villaviciosa.*			Défaite des *Turcs* près de St. *Godhart* ; Trève de vingt ans conclue avec eux.			
1665		*T. IV.*		*Franç. Léon.*	Détrônement d'*Alfonse* VI *Pier. II* Rég.						
1666		Traité de *Clèves* au sujet de la succession de *Juliers* ; l'*Élect.* de *Brandebourg* obtient le D. de		*Traités de P. T. IV.*							
1667		*Clèves*, les C. de la Mark & de Ravensberg ; le C. *Palat. Neubourg* reçoit les D. de Juliers &			Paix de *Lisbonne* avec l'*Esp. d'Abl.*		Paix de *Bréda*, avec les *Anglois.*				*Clément IX.*
1668	Paix d'*Aix-la-Chapelle* ; Lille & plusieurs autres villes de la *Flandre* & du *Hainaut* cédées aux *Français. Léonard, Traités de*				Paix conclue à la *Haye*, avec les *Hollandois.*		Édit perpétuel ; abolition du Stadthoudérat.				
1669	*paix, T. IV.*	de *Bergue. Actes publiés p. Londorp. T. IX.*			* *Theatr. pacis p. 58.*						
1670										Conquête de l'isle de *Candie* ; guerre contre la *Pologne. Theatr. Europ. T. X.*	*Clément X.*
1672	Guerre contre les Provinces-Unies.						Irruption de *Louis* XIV. le Stadthoudérat rétabli, dans la pers. de *Guill III. Basnage Annales des Provinces-Unies. Limiers.*				
1673											
1674		Les *États* de l'*Empire* s'allient à						Troubles de *Hongrie* ; *Tækœly*, Chef des mécontens			
1676		l'*Emp.* & à l'*Espagne* contre la									*Innocent XI.*
1678	Paix de *Nimègue* ; la *Bourgogne* réunie à la cour de *France*, *Mém. du Ch. Templ. & de D. M.*	*France.*		La *Bourgogne* cédée aux *Français.*							
1680	Chambres de *Réunion.*										
1681	*Strasbourg* se rend au Roi par Capitulation. *L'infr. dans les notes de S. Hilaire sur la Carte de Kænigsh.*										
1683		*Vienne* assiégée par les *Turcs.*									
1684	Trève de *Ratisbonne.*							Nouv. guerre avec les *Turcs.* Prise de *Bude.*			
1685	Révocation de l'*Édit* de *Nantes. La Hode*										
1686	*Hist. T. IV. Limiers.*								Paix de *Moscou*, entre les *Russes* & les *Polonois* ; ces derniers renoncent à leurs prétent. sur *Smolensko* & sur l'*Ukraine.*		
1687								Victoire de *Mohacz.*		*Soliman III*, E.	
1688		Grande *alliance* contre la *France.*				Détrônement du R. *Jacques II* ; expulsion des *Stuarts* @..... *mémoir.*					
1689		Mort de *François-Jules*, dern. mâle de la Mais. de *Saxe-Lawenbourg.*									*Alexandre VIII.*
1691		Élection du *IXe Électorat*, en fa-						Victoire de *Salankemen.*		*Achmet II*, E.	*Innocent XII.*
1692		Élection du *IXe Électorat*, en fa-									
1695		veur de la Maison d'*Hannovre.*						*Auguste*, El. de *Saxe*, élu R. de *Pol.* Bat. de *Zentha.*	Avénem. de *Pierre I* au trône de *Russie. Nestes. mém. T. 2.*	*Mustapha II*, E.	
1696		*L'infr. dans Lunig Reichs-Arch. T. V.*	Paix de								
1697	Paix de *Ryswick* ; *Strasbourg* cédée à la		*Turin.*								
1698	*France. Léonard. v. les Actes & Mém. de la*										
1699	*paix de Ryswick.*							Paix de *Carlowitz.*			
1700		Nouveau Calendrier des Protestans. *Theatr. Europæum, T. XV.*		Mort de *Charles II.* Extinct. de la branche *Espagn.* de la Mais. d'*Autr.*				Toute la *Hongrie* en-deça du *Sau*, la *Transylvanie* & l'*Esclavonie* cédées à l'Empereur. *Theat. Europ.*	Guerre du *Nord* contre *Charles XII*, R. de *Suéde* ; Bataille de *Narva.* Paix de *Travendul.*	*Témeswar* & la *Hongrie* au-delà du *Sau*, restent aux Turcs, les Polonois obtiennent *Kaminieck* & la *Podolie*, les Russes *Azof*, les Vénitiens la *Morée.*	*Clément XI.*

A. J. C.	FRANCE.	ALLEMAGNE.	ITALIE.	ESPAGNE.	PORT.	GR. BRETAGNE.	SUISSE.	PAYS-BAS.	POL. HONG. PRUSSE.	RUSSIE.	DANEM. SUÈDE.	ORIENT.	H. EC.
1701	Commencement de la guerre pour la *succession d'Espagne. Theat. Europ.*	Grande alliance contre la France, signée par l'Emp. l'Anglet. & la Hollande.		*Philippe V* monte sur le trône ; avénement de la Mais. de *Bourbon. Théat. de l'Eur. T. XV.*		Le Parlement arrête la succession de la Mais. d'*Hannovre* sur le trône d'*Angleterre.*			La *Prusse* érigée en royaume par *Fréd. I.* Troubles de *Hongrie* excités par *Ragoczi.*			*Achmet III,* E.	
1702	Bataille de *Fridlingen.*	L'*Empire* y accède.						Mort de *Guillaume III* Pr. d'*Orange* & Stadthouder.					
1703					Le Roi *Pierre II* entre dans la grande alliance								
1704	Bataille de *Hochstett.*		Le D. de *Savoie* entre dans la grande alliance.						*Stanislas I,* élu Roi de *Pologne.*	*Pierre le Gr.* fait bâtir la ville de *S. Petersbourg. v. Mém. de Neftesuranoi, T. II.*			
1705		*Joseph I,* E.											
1706	Bataille de *Ramilli* & de *Turin.*								Paix d'*Alt-Ranstadt; Auguste II* renonce à la couronne de *Pol.*				
1707				Bataille d'*Almanza.*		L'*Ecosse* & l'*Angleterre* réunies en un même *Parlement. Burn, Mémoir.*			Le Roi de *Prusse* acquiert la Princip. de *Neufchatel.* Défaite de *Ragoczi,* près de *Trentschin.*				
1708			Le D. de *Mantoue* confisqué au profit de l'Empereur.										
1709	Bataille de *Malplaquet.*		Le D. de *Mirandole* vendu au D. de *Modène.*							Vict. de *Pultava;* époque de l'élévation de la *Russie.*	Défaite de *Pultawa;* époque de la décadence de la *Suéde.*		
1710				Bataille de *Saragosse* & de *Villaviciosa.*									
1711		*Charles VI,* E. *Theat. Eur.*								Paix du *Pruth; Azof* rendue aux Turcs.		Journée du *Pruth.*	
1712	Journée de *Dénain.*						Guerre civ. de religion; Bataille de *Bremgarten* ; Paix d'*Arau.*						
1713	Paix d'*Utrecht.* La Principauté d'*Orange* réunie à la France. *Fabert Siaois-Kantley, T. XXII.*	*Pragmatique Sanction* réglant la succession dans les Etats d'*Autriche.*	Le royaume de *Sicile* adjugé au D. de *Savoie; Milan, Naples* & la *Sardaigne* passent à la Mais. d'*Autriche.*	Démembrem. des Etats de l'*Italie* & de la Monarchie d'*Esp.*		L'Isle de *Minorque* & la ville de *Gibraltar* cédées aux Anglois.		Les Pays-B. *Esp.* cédés à la Maison d'*Autr.*	La *Haute-Gueldre* cédée au R. de *Prusse,* par la paix d'*Utrecht.*		*Frédéric IV,* R. de Dan. s'empare du D. de *Schleswic.*		
1714	Paix de *Rastadt* & de *Baden.*	L'Emper. & l'Empire font la paix avec la France.				*George I* monte sur le trône d'Angl. Avénement de la Maison d'*Hannovre. Théatre de l'Europe T. XX. Fama Europæa.*	Paix de *Baden. Waldkirch Eydgenossische Historie, T. II.*	Traité des *Barrieres.*					
1715	LOUIS XV, R. *Philippe,* Duc d'*Orléans, Régent.*												
1716									L'*Empereur* marche au secours des *Vénitiens* contre les Turcs.			Guerre contre les *Vénitiens;* les Turcs font la conquête de la *Morée.*	
1717				*Philippe V* recommence la guerre.									
1718	Traité d'une quadruple alliance entre la France, l'*Anglet.* & l'*Emper.* signé à *Londres* pour		Le D. de *Savoie* échange la *Sicile* contre la *Sardaigne,* & prend le titre de Roi de *Sardaigne.*						Paix de *Passarowitz* avec les Turcs ; *Témeswar, Belgrad* & la *Servie* cédées à l'Emp.		*Charles XII* périt au siége de *Fridrichshall. Ulric Éléonore* R.A.S. Le pouvoir *absolu* abrogé en Suéde, & la succession restreinte aux *mâles;* Paix de *Stockholm ; Bremen* & *Verden* cédés à l'El. d'*Hanovre.*		
1719	le maintien de la paix.												
1720				Le Roi accède à la quadruple alliance.					*Stettin, Usedom* & *Wollin* cédés au R. de *Prusse* par les Suédois.		Paix de *Fridrichsbourg* avec le *Dan.* La *Suéde* se soumet au péage du *Sund.* La *Suéde,* la *France* & la *Grande Bretagne* garantissent au Roi de *Danemarc* la possession du D. de *Schlefwic.*		
1721	Congrès de *Cambrai.*									Paix de *Nystadt ;* la *Livonie,* l'*Ingrie* & la *Carélie* cédées à la *Russ.*			*Innocent XIII.*
1722													
1723	Mort du *Régent ;* le Duc de *Bourbon, Premier Ministre.*							Erection de la Compagnie d'*Ostende.*	La succession au trône de *Hongrie,* étendue aux *femmes* de la M. d'*Autriche.*	*Pierre le Gr.* prend le titre d'*Emper.*			
1724				*Philippe V* abdique & reprend la couronne.									*Benoît XIII.*
1725	1re paix de *Vienne.* Alliance entre l'*Empereur* & le R. d'*Espagne.*					Alliance d'*Hannovre* opposée à celle de *Vienne.*				Mort de *Pierre I. Catherine I,* Impératrice.			

	FRANCE.	ALLEMAGNE.	ITALIE.	ESPAGNE	PORTUG.	GR. BRETAGNE.	PAYS-BAS	POL. HONGRIE.	PRUSSE.	RUSSIE.	DAN. SUÈDE.	ORIENT.	H. ECCL.
6	Le Cardinal de *Fleury* est mis à la tête du *Ministère*.												
7	Préliminaires de *Paris*.												
8	Congrès de *Soissons*.												
9				Paix de *Séville* entre l'*Espagne*, la *France* & l'*Angl*.									
0			Abdication de *Victor Amé II*. CHARLES EMMANUEL III, R. de *Sardaigne*.									Mahomet *V*, E.	Clémens XII.
1		IIᵈᵉ paix de *Vienne*, entre l'*Emper.* l'*Anglet.* & la *Hollande*.						Abrogation de la Compagnie d'*Ostende*.					
3	Guerre pour la succession de *Pologne*.							*Stanislas I* élu pour la seconde fois Roi de *Pologne*. La *Russie* lui oppose *Auguste III*. Siége de *Dantzic*.		L'Impér. *Anne* prend part à la guerre pour la succession de *Pologne*.			
5		Préliminaires de *Vienne*.											
6												Guerre entre les *Turcs* & les *Russes*.	
7			FRANÇOIS D'EST, D. de *Modène*.					*Erneste Jean*, C. de *Biron*, créé D. de *Courlande*; l'*Emp.* prend part à la guerre des *Russes* contre les *Turcs*.					
8	Cession de la *Lorraine* par la paix de *Vienne*.	Paix *définitive de Vienne*.	Les royaumes de *Naples* & de *Sicile* cédés à *Don Carlos*, Infant d'Esp. le Gr. D. de *Toscane* à *Franç. Étienne*, en équivalent au D. de *Lorraine*; *Novare* & *Tortone* au R. de *Sardaigne*.								Traité de subsides entre la *France* & la *Suède*.		
9				Guerre avec l'*Angleterre*.				Paix de *Belgrade*; *Belgrade* & la *Servie* cédés aux *Turcs*.		Paix de *Belgrade* avec les *Turcs*.			
0		Mort de *Charles VI*, dernier mâle de la Mais. d'*Autriche-Habsbourg*; guerre pour la succession d'*Autriche*.						MARIE-THÉRÈSE, Reine de *Hongrie* & de *Bohème*.	FRÉDÉRIC II, Roi de *Prusse*.	Guerre contre la *Suède*. Détrônement d'*Jwan*; *Élisabeth* Impératrice.			Bénoît XIV.
1	La *France* alliée de l'Électeur de *Bavière*.	*Charles VII*, E.											
2									Traité de *Breslau* & de *Berlin*; la *Silésie* & le Comté de *Glatz* cédés au R. de *Prusse*.	Paix d'*Abo*, avec la *Suède*.	Une partie de la *Finlande* cédée à la *Russie*, par la *Suède*.		
3	Mort du Cardinal de *Fleury*.		Traité de *Worms*; différens districts du *Milanois* cédés au R. de *Sardaigne*.			*George II* prend part à la guerre pour la succession d'*Autr.*							
4	Guerre déclarée à *Marie-Thérèse* & au Roi d'*Angleterre*.								Le R. hérite de la *Frise Orientale*, à la mort du dernier Prince.				
5	Bataille de *Fontenoy*. Bataille de *Raucoux*.	*François*, Gr. Duc de *Toscane*, de la M. de *Lorraine*, Emp. Transaction entre les Électeurs *Palatin* & de *Bavière*, touchant le *Vicariat* de l'Empire.				Descente du *Prétendant* en *Écosse*.			Paix de *Dresde*.				
7	Guerre déclarée à la *Hollande*; Bataille de *Laffeld*.						Prise de *Bergopzoom*. *Guill. IV*, Stadh. des VII provinces. Le *Stadhoudérat* rendu hérédit.						
8	Paix d'*Aix-la-Chapelle*.		Les D. de *Parme*, de *Plaisance* & de *Guastalla*, cédés à *Don Philippe*.		Le titre de *Très-fidele* donné au Roi par le Pape.								
9					JOSEPH I, R.								

A. J. C.	FRANCE.	ALLEMAGNE.	ITALIE.	ESPAGNE.	PORTUG.	GR. BRETAGNE.	HOLL.	POLOGNE.	PRUSSE.	RUSSIE.	DANEM. SUÉDE.	ORIENT.	HIST. ECCL.
1751							GUILLAUME V. Stadhouder.				Avénement de la Maison de Holstein au trône de Suéde.		
1754												Osman III, E.	
1755					Lisbonne bouleversée par un tremblement de terre.								
1756	Guerre déclarée à l'Angleterre ; la France s'allie avec l'Autriche.					Le R. d'Angleterre contracte alliance avec le Roi de Prusse.							
1757									Guerre contre l'Autriche, la Saxe, la Russie, la France, la Suéde & les États de l'Empire.	Guerre contre le Roi de Prusse.	La Suéde impliquée dans la guerre contre le R. de Prusse.	MUSTAPHA III, E.	
1758								Charles, Pr. de Saxe, créé D. de Courlande					
1759			FERDINAND IV, fils du R. d'Esp. Roi de Naples & de Sicile.	CHARLES III, R.									Clémene XIII
1760						GEORGE III, R.							
1761	Pacte de Famille entre les différentes branches de la Maison de Bourbon.									Mort d'Élisabeth ; avénement de la M. de Holstein.			
1762				Le R. d'Esp. prend part à la guerre contre l'Anglet.	Le R. de Portugal allié de l'Anglet. terre contre l'Esp. & la France.					Paix de Petersbourg avec le Roi de Prusse. Détrônement de Pierre III. CATHÉRINE II, Impératrice.	Paix de Hambourg.		
1763	Paix de Paris entre la France, l'Espagne & la Grande Bretagne. Le R. de Portugal y accéde.	Paix de Hubertsbourg entre Marie-Thérése, le R. de Prusse, & l'Elect. de Saxe.				La Floride, le Canada, le Cap Breton &c. cédés par l'Espagne & la France à la Grande Bretagne.		Rétablissem. du Duc de Biron dans le Duché de Courlande					
1764		Joseph II, couronné R. des Romains.						Élection de STANISLAS II. au trône de Pologne ; commenc. des troubles actuels.					
1765		Mort de François I, JOSEPH II, E.	FERDINAND, D. de Parme, de Plaisance & de Guastalle.										
1766											CHRÉTIEN VII, R. de Danemarc.		
1768			PIERRE LÉOPOLD, Archiduc d'Autriche, Grand-Duc de Toscane.							Guerre contre les Turcs.	Traité d'alliance entre le Danemarc & la Russie.	La Porte déclare la guerre à la Russie.	
1769								PIERRE, Duc de Courlande.					CLÉMEN XIV.
1771											GUSTAVE III, R. de Suéde.		

De l'Imprimerie de FRANÇOIS LEVRAULT, Imprimeur de l'Intendance & de l'Université épiscopale.

www.ingramcontent.com/pod-product-compliance
Ingram Content Group UK Ltd.
Pitfield, Milton Keynes, MK11 3LW, UK
UKHW031807170726
13836UKWH00003B/1247